Astrid Evelt

Aus der Dunkelheit ins Licht

Aus der Dunkelheit ins Licht

Astrid Evelt

Herstellung und Verlag:
BoD - Books on Demand, Norderstedt
ISBN 978-3-7431-0930-8

1. Eigentlich sollte man niemals
den gleichen Fehler mehrmals begehen,
aber es gibt Tage,
an denen man in der Not trotzdem
dasselbe tut, auch wenn die Chancen
und Risiken dieselben sind;
selbst wenn das Ergebnis das
Gleiche ist; selbst wenn es immer
an denselben Stellen brennt.

Man begeht den gleichen Fehler
noch einmal, wenn er eine Entlastung
für die Situation bedeutet.
Es gibt nun mal keine andere
Lösung in dem Moment –
alles andere wäre nur Qual.

Ob man etwas daraus lernt, wenn
es einen im Grunde nicht weiterbringt?
Durchzuhalten lernt man –
man hat die Hoffnung, dass man eines
Tages stark genug ist diese Fehler
nicht mehr machen zu müssen.

2. Die eine oder andere wunderschöne
Blume blüht allein zwischen dem
grauen Asphalt jenseits der grünen Hecke
auf der anderen Seite – weit ab von
der gleichen Art von Blumen im Garten.

Manch einer mag denken,
'was für ein Unkraut',
obwohl er dieselben Blumen auf
seinem Balkon zieht.

So wird manches Mal versucht die
Blume zu entfernen, doch sie findet
immer wieder aufs
Neue den Weg ans Licht, um mit
ihren Farben diesen fahlen Kosmos
zu illuminieren.

Ebenso gibt es Menschen im Leben,
bei denen man denkt,
'was für ein Freak', nur weil sie
einfach auffallen so wie sie sind.
Und man versucht sie aus dieser
Welt zu entfernen.
Jedoch schaffen sie es immer wieder
sich aufzurichten, um wieder in ihrem
eigenen Glanz zu schillern - um diesen
Kosmos in bunte Farben zu tauchen.

3. Wenn das silberne Mondlicht in
voller Pracht die sanften Strahlen
der Morgensonne küsst,
so scheint das Unmögliche möglich -
Wie die Ordnung im Chaos -
Der Plan wie es weitergeht,
wenn nichts mehr
sich zu bewegen scheint!

Der Schein eines Glücksterns
am Morgenhimmel:
Die Venus als Verkörperung der Liebe
kann als Einzige den Weg aus
der Dunkelheit zeigen.
Es gibt keinen Grund sich hinter
dem Schatten des Glanzes eines anderen
zu verstecken.
Jeder Moment hat die Kraft
für sich zu glänzen!

4. Gewisse Dinge im Leben sind wie
Bilder bestimmter Künstler –
Man kann so vieles erkennen –
so viel mehr entdecken.
Man kann sie drehen und erhält ein völlig
anderes – ein neues Bild.
Mitunter ändern sich die Farben, je
nachdem in welchem Licht sie scheinen.
Manchmal erkennt man erst nach
langer Zeit ein neues Detail, obwohl
man das Bild oft und lange studiert hat –
sogar aus verschiedenen Perspektiven.
Bisweilen kommt einem das auch das
Bild alt und vergilbt vor, aber wegwerfen
will man es nicht - wenn man es
woanders hinpackt, verändert sich
das Bild durch das neue Licht,
die neue Umgebung und die neue
Sichtweise.
Dann gibt es Bilder, bei denen einem
ein ungebetener Fleck darauf stört:
man lässt es reinigen oder man
schmeißt es gar weg.
Aber es gibt Bilder, bei denen Flecken
eine Bereicherung darstellen, da sie
eine Veränderung bringen und ab und
zu einfach die Kunst vollenden!

5. Es gibt Tage, an denen es Blumen auf
die Straße regnet;
- um die Sieger zu ehren.
- um die Liebe zu feiern.
- um seine Lieben willkommen zu heißen.
- um das Leben feiern und zu ehren.
- um einfach in Freude zu erstrahlen.

Und es gibt Tage, an denen nur einzelne
zerfetzte Blütenblätter durch die Gegend
fliegen, nur um in grauen Pfützen
zu ertrinken.
Es braut sich ein Unwetter an und
der Ausblick auf die Zukunft ist düster.

In solchen Momente ist es schön
sich an die strahlenden Blüten zu
erinnern wie sie im Sonnenlicht aufblühen
und schimmernd die Zeit;
sogar die Welt erhellen.
Man hat die Bilder im Herzen.
Man nimmt sie mit und erfreut sich
an ihnen.
Man lässt sie für sich und andere immer
wieder aufleben, um die Finsternis zu
überstehen.
Ehe man sich versieht gibt es
wieder neue Momente, an denen
es farbenfrohe Blumen regnet.

6. Die dunklen Wolken auf mir ziehen weiter…
Wie ein sich langsam entwickelnder Film bringt
die Helligkeit auf meiner Seele ein klares Bild
zutage.
Die glanzvollen Farben eröffnen die wahren Schät-
ze
dieser Welt.
Der Fokus liegt im Detail – all die wunderbaren,
kleinen Momente, die sich zu einem Großen
zusammenfügen.
Es gibt immer ein Silberstreif am Horizont, man
muss ihn nur erkennen.

7.
- Der sanfte Sonnenaufgang
- Die zarte, junge Rose
- Der Duft der lila Blume
- Die frische Morgenluft
All diese Dinge nehme ich in mich auf.
Der Silberstreif am Horizont leuchtet
immer wieder aufs Neue auf meine Seele.
Wolkenformationen grüßen das sanfte
Licht der Sonne.
Der erste Vogel heißt den neuen Tag
zwitschernd willkommen.
Dunkle Wolken ziehen weiter über den
rot goldenen Horizont, nur um mit einem
rot goldenen Guss verabschiedet zu werden.
Ein Himmel wie gemalt – Neue Lichtfülle
und glitzernde Farbenpracht –
so kann das Glück beginnen!

8. Manchmal möchte ich wirklich an das
Unmögliche glauben und den
überschäumenden Enthusiasmus fließen
lassen.
Mir ist klar, dass es eigentlich nur
Phantasie ist – Einen Moment lang kann
ich abdriften in die schönsten Traumwelten.
Diesen Augenblick kann ich voll auskosten
und neue Kraft schöpfen.

Fast möchte ich einige Tränen verdrücken,
als ich merke, dass dieser Moment vorbei ist.
Die harte Realität lässt grüßen und
beinahe wäre ich in ihr aufgeschlagen.

Jedoch stellt sich just in dem Augenblick
bei mir die Erkenntnis ein, wozu
all diese Phantasien sind –
dieser ganze Glaube an das Unmögliche –
damit ich weitermachen kann;
damit ich das mit anderen teilen kann;
damit ich Dinge umsetze und das
Unmögliche möglich mache,
zwar nicht wie in meiner Phantasie,
aber dennoch wunderschön erlebbar.

9. Ich male ein rotes Herz auf ein Papier,
dabei denke an dich.
Ich schreibe "Ich liebe dich!" in großen,
geschnörkelten Lettern darunter.
Ich weiß, was du denkst:
"Was für eine Kinderei!"
Du fragst dich, was so ein Unsinn bringt,
eigentlich nichts – außer:
Wenn ich mich an so etwas erfreuen kann,
während ich dabei voller Enthusiasmus
in derlei "Blödsinn" aufgehe,
merke ich wie ich mich über kleine
Dinge und Momente freuen kann.

Dieses Gefühl kann ich auch in andere
Bereiche übertragen –
es hilft mir Beziehungen
Und Situation wieder positiver zu sehen,
weil ich mein inneres Kind frei
gelassen habe.
Dies Gefühl kann ich eben auch
mitnehmen.
Auch wenn du nichts mit dem roten Herz
anfangen kannst, sei dir gewiss,
dass ich daraus für dich ein besonders
Geschenk machen kann.

10. Wie ich festgestellt habe,
gibt es Leute,
die sich vor den Worten
"Ich liebe dich" fürchten.
Vielleicht haben sie Angst,
dass man sich binden
muss, wenn man diese Worte sagt,
wobei man seiner
Selbstbestimmung beraubt wird.
Doch wenn man jemand liebt,
gibt man ihm den Raum,
den er zum Wachsen braucht,
ohne ihn einzuengen.

Vielleicht haben sie auch
Furcht davor, dass die Liebe
weniger wird oder gar
vergeht, wenn man die Worte
sagt, jedoch sollte man nicht
Verliebtheit mit Liebe
verwechseln!
Die Verliebtheit vergeht –
die Liebe bleibt!

Manchmal ist Liebe überwältigend –
tiefe Gefühle,
die das Herz und die Seele
berühren, da wo wir am

verletzlichsten sind.
Natürlich kann einem das
Angst machen.

Mit großer Wahrscheinlichkeit
werden wir auf die eine oder
andere Weise verletzt,
aber diese tiefe Liebe kann
uns helfen diese Angst zu
besiegen, um stärker zu werden.

Letztendlich haben wir auch
jemand dann bei uns,
der uns so liebt wie wir sind,
ohne uns verstellen zu müssen.

11. Meistens zieht es dich in eine andere
Richtung als mich.
Du möchtest frei sein,
- um deine Neugier zu stillen.
- um deinen Instinkten zu folgen.
- um mit allen Sinnen zu genießen.
- um deine Wünsche durchzusetzen.
Wenn ich jedoch deine Leine lang lasse,
damit du deine
eigenen Wege gehen kannst,
suchst du nach einer Weile
wieder Anschluss zu mir.
Ich kann dich nicht einsperren –
du brauchst deine Freiheiten, aber du
brauchst auch die Geborgenheit
eines Heimes -
bei mir bist du eben immer zuhause.

12. Übermorgen weiß ich aus welchem
Holz du geschnitzt bist.
Ich werde wissen, ob zu deinem
Wort stehst.
Ich werde sehen,
ob du deine Versprechen einhältst.

Die Tage ziehen vorbei und
ich schenke dir Vertrauen.
Rückblickend kann ich sagen,
dass du zu deinem Wort stehst.
Du bist eben eine liebenswerte,
treue und loyale Seele,
die zu dem steht, was sagt.
Und du bist eine vertrauenswürdige
Person, auch wenn sie kleine
Macken und Fehler hat,
die mich bisweilen zweifeln lassen –
aber diese Fehler machen
dich menschlich.
Du bist immer bemüht diese Dinge
aus der Welt zu schaffen und Sachen
gerade zu rücken.
Ich bin dankbar, dass es Leute wie
dich in meinem Leben habe.

13. Es ist schwer etwas wieder zu finden,
was jemand anderer im Dunklen
vergraben hat.
Man wühlt eine Menge unnötigen Dreck auf.
Bisweilen trägt man dann auch
Ballast mit sich, der einem nicht gehört.
Im Grunde will man so etwas meist nicht
finden, weil man dabei andere Dinge
ans Licht bringt, die unangenehm sind.
Eigentlich hat man auch nur danach gegraben,
damit es später nicht noch einmal unerwartet
ins Leben tritt.
Man schaut sich das Ganze an,
bevor man versucht es dahin zu packen,
wohin es wirklich gehört, damit es man es
endgültig hinter sich bringen kann.
Wenn man es geschafft hat,
ist man erleichtert, dann kann man ohne
Altlasten und andere störende Faktoren
weiter seinen Weg zu gehen.

14. Ich gehe die einsame Straße entlang
in der Nacht – Mitten auf der Fahrbahn –
Kein Auto in Sicht – Ich fühle mich frei.
Niemand da, der mich hetzt.
Der frische Wind weht mir um die Nase –
ich atme auf.
Ich möchte meine Flügel ausbreiten und
fliegen – bis hin zu den Sternen,
die über mir glitzern.
Ein Zeitpunkt, an dem ich abschalten kann.
Ein Augenblick, den ich genieße und
auskosten kann.
Eine Gelegenheit zum Kraft tanken.
Ein Moment, an dem ich selbst und bei
mir selbst sein kann. - Ich bin frei.

15. Das Paradies ist öfters da,
wo wir es nicht erwarten.
Wenn wir unseren Blickwinkel ändern,
werden wir das erkennen.
Meist liegt der Segen im Einfachen
und das Glück im Detail, die Liebe
und Freude hinter unerwarteter Fassade
oder in kleinen Momenten.

Manchmal bringen Dinge und Menschen
einem Glück, die einen anfangs stören.
Wenn man jedoch offen bleibt die
Dinge und Menschen anzunehmen,
erfährt man Glücksseligkeit auf einer völlig
anderen Ebene, weil man nicht nur neue,
schöne Augenblicke erlebt, sondern weil
man seine eigene Freude und sich selbst
auf eine überraschende Weise kennen lernt.

Das Allerbeste daran ist:
Glück kommt selten allein,
je mehr Glück man erlebt,
desto mehr dieser Momente folgen.

16. Auch wenn ich dich nicht sehe,
weiß ich, dass du für mich da bist.
Ich trage dich in meinem Herzen mit mir –
selbst wenn ich deine Stimme nicht mehr
höre und dich nicht mehr spüre –
fühle ich die Sicherheit, die du mir
gezeigt hast.

Du hast mir gezeigt, was es heißt
ein Zuhause zu haben;
Was es bedeutet jemanden, der einem
zuhört und für einen da ist.
Du hast mir gezeigt für Personen
oder Dinge, die einem am Herzen liegen
einzustehen oder gar zu kämpfen.
Diese Kraft kann ich in mir spüren
und sie an andere weiter geben.

17. Schimmernde Farben verschluckt
von der Lichtlosigkeit, der einen Sog
des alles verschlingenden Nichts gleicht.

Wolken türmen sich zu einem stetigen
Bollwerk der Finsternis auf.
Ein Wetterleuchten entfacht ein
Leuchtfeuer am dunklen Horizont,
was die Endzeitstimmung anheizt.

Ein massiver Schlag des Donners und
ein gewaltiger Blitz kündigen die Macht
des Unwetters an.
Man fühlt sich klein angesichts
dieser Naturgewalt.
Der prasselnde Regen verschleiert
die Sicht.

Man fühlt sich hilflos und ausgeliefert.
Solche Situationen erfordern
Entscheidungen wie man mit ihnen
umgehen sollte: ob man etwas Derartiges
durchhält oder
ob man sich zurückzieht –
das liegt an einem selbst –
jeder hat seinen Weg.

Oft genug lösen sich solcher Situationen
schneller auf als man erwartet.
Man sieht wie Lichtsäulen aus der
Finsternis ragen, welche
die Welt in einen neuen
Schein tauchen.
Ein Hauch eines Regenbogens
weist auf eine neue Zeit
hin – eine schönere Zeit!

18. Die Familie ist nicht immer so
wie man es sich vorstellt.
Die Menschen sind eben nicht so
wie man sie gerne hätte –
Wir sind ja auch nicht so wie andere
uns gerne hätten.
Rosen liebt man ja auch,
obschon sie Dornen haben,
die einen stechen können.
Sie repräsentieren Liebe, Wertschätzung
und Herzverbindung trotz der Dornen
oder gerade deshalb!

Man lernt achtsam mit ihnen umzugehen,
um nicht von ihren Dornen verletzt zu
werden und damit sie ihre zarten
Blütenkränze nicht verlieren.

Ebenso lehrt uns die Familie
Achtsamkeit, damit wir nicht verletzt
werden und damit wir andere
nicht verletzen.
Wir lieben unsere Familie,
obwohl die Leute ihre Ecken
und Kanten haben.

Wir lernen, dass man trotz all
den Problemen und Sorgen,
schöne Momente erleben kann,
an denen unser Herz aufblühen kann.

Wir lernen an unseren
Problemen zu wachsen –
über uns selbst hinaus zu wachsen.
Die Familie sind die Leute,
die auch dann noch für uns da sind,
wenn es andere nicht sind.

Sie schenken uns Geborgenheit
und Liebe, was wir nicht immer
sofort erkennen können, weil
sie sich in verschiedenen
Formen zeigen.
Diese Formen können sehr
subtil und nicht eindeutig erkennbar
sein, doch das alles ist immer da!
Manchmal bekommen wir
diese Liebe eben auch
in Form einer Rose geschenkt.

19. Manchmal kann ich dich hören,
auch wenn du nichts sagst.
Deine Augen erzählen mir mit
ihrem sehnsüchtigen
Glitzern mehr als viele Worte.

Ich weiß, was du willst –
was du brauchst.
Der frische Wind, der dir um die Nase
streicht und dir ein Gefühl von
Freiheit gibt.
Das, was dich die Welt einatmen lässt,
das ist, was du willst.

Zu wissen, was du alles tun könntest,
wenn du in die Welt hinaus gehst
und das dann auch umsetzen kannst…
Das ist alles, was du brauchst.

Du bist eben mit einfachen
Wahrheiten zufrieden,
die ab und zu gar nichts
bewegen, aber manchmal
verändern sie die Welt.

20. Sterne tanzen über das Firmament.
Tausende Sterne glitzern auch in
deinen Augen, wenn du mich mit ihnen
freudig anleuchtest.
Das ist alles, was ich will.
Ein kleines, klares Licht erhellt
die Dunkelheit.
Solche starke Kräfte leiten mich
auf dem Weg, auf dem sie so oft waren –
vor mir.
Diese Sinne kennen jeden Winkel
und sorgen für sicheres Geleit heim.

21. Manchmal fühle ich mich wie
der Mond am helllichten Tag –
Ich bin zwar da, aber ich gehöre
hier nicht hin.
Dann brauche ich Augen, die
auch die Schönheit des Mondes
am Tage sehen.
Augen, die dies Silberlicht trotz
des goldenen Scheins der Sonne
erkennen und genießen, damit ich
wieder auftauche.
Augen, die ein Zuhause sehen,
wo andere nur Chaos erkennen.
Ich danke dir für deine Augen.

22. Unser Liebe ist wie ein Traum
- unfassbar im realen Leben
und nur zu spüren, wenn man
zwischen den Zeilen liest -
Aber solange du glaubst,
dass es nur ein Traum ist –
solange wird es genauso bleiben.
Du kannst den Traum wahr machen!

23. Du hast mir erzählt, dass du
deinen Geburtstag hasst
und dass es ein Tag
wie jeder andere auch ist –
er ist nichts Besonderes.
Du möchtest ihn nicht feiern.

Für mich ist dein Geburtstag
Etwas Besonderes, nämlich ein Tag,
an dem man feiert,
dass du auf diese Welt gekommen bist.
Was wäre die Welt denn ohne dich?

Vielleicht interessiert es nicht den
ganzen Globus, ob du da bist
oder nicht.
Jedoch für die, denen du die Welt
bedeutest;
- für die, die ohne dich die Welt ein
wenig dunkler, langweiliger, trister
und liebloser wäre;
- für die, denen du Halt gibst, Nähe und
Vertrauen, weil du für sie da bist;
- für die, die um und für dich gekämpft
haben;
- für die, die dich lieben wie du bist –
für sie ist es wichtig!

Für diese Leute bricht eine
ganze Welt zusammen,
wenn du nicht mehr da bist,
deshalb möchten sie dich feiern,
dir ihre Liebe und Anerkennung
zum Ausdruck bringen und
dir auf diese Weise danken,
dass du da bist –
dass du in diese Welt geboren wurdest.

24. Ich bin da, wo der Mond sich
zur Ruhe begibt in der
Hängematte der Zeit.
Ich warte hier auf dich und glaube
schon fast, du siehst mich nicht.
Es fühlt sich an wie das Ende
der Zeit, aber eigentlich haben
wir alle Zeit der Welt.
Ich kann dich sehen, glitzernd
wie ein funkelnder Stern, der
hell auf meine Seele leuchtet.
Nicht einen Moment lang ist
das Funkeln abgeschwächt.
Ich erkenne dich in einem Meer
von Funken, weil dein Strahlen
einzigartig ist, heller als du
es nur erahnen kannst.

Hier am Rand der Träume,
wo Zeit und Raum verschmelzen
bin ich für dich da.
Du kannst es fühlen,
tief in Deinem Herzen.
Auch wenn mich die
Fluktuationen der Zeit
öfters mal aus der Bahn werfen,
bin ich immer noch in
dem selben Orbit wie du.

Ich bin für dich da
und wenn du mich sehen
kannst und wenn du mich
fühlen kannst in deinen
Träumen, dann bin ich
bei dir – ich bin dann
dein Spiegelbild der Seele.
Diese Liebe ist einzigartig,
weil wir Zwei vom
gleichen Schlag sind und
zusammen stark sind.

Ich kann dich fühlen und
ich kann dich sehen.
Die Wahrheit kennt nur
das Herz, alles andere
ist nur Schein.
Ich stehe hier am Rand
der Träume und warte
darauf, dass wir beide
gemeinsam fliegen,
die Entscheidung liegt
nur bei dir.

25. Wahre Liebe macht keinen Druck.
Sie hat keine Erwartungen oder
Forderungen oder gar Ansprüche,
sie ist einfach da, dafür muss man
sich nur öffnen und vertrauen.
Manche sagen: Liebe ist nicht genug,
diese Liebe ist mehr als genug –
sie ist alles!

Ich bedanke mich für alles,
was mir auf meinem Weg geholfen hat
und ich bin dankbar für jeden,
der mich inspiriert hat,
Astrid.